AF252484

PLAIDOYER

PRONONCÉ PAR Mᶜ BERVILLE,

DEVANT LA SIXIÈME CHAMBRE DU TRIBUNAL CIVIL DE PREMIÈRE INSTANCE,

EN FAVEUR

DE M. ACHILLE ROCHE,

ÉDITEUR DES MÉMOIRES

DE LEVASSEUR DE LA SARTHE.

———

Messieurs,

Si je voulais vous démontrer par une preuve sensible combien l'accusation est vaine et la société désintéressée dans ce procès fait en son nom, je la trouverais dans les dernières paroles que vient de proférer l'organe du ministère public : l'ouvrage incriminé, vous disait-il, s'adresse à des passions qui ne sont plus ; il retrace des événemens déjà vieux de quarante années ; il réveille des idées qui ne sont plus les nôtres. Rien de plus vrai sans doute que ce langage ; ce que j'ai peine à concevoir, c'est qu'on ait pu trouver dans ces considérations un motif de nous accuser.

En écoutant les développemens de l'accusation, je dois l'avouer, ma surprise a été extrême ; je croyais que depuis long-temps nous en avions fini avec le système des interprétations, avec cette sorte de chimie intellectuelle qui rapproche pour les combiner des élémens épars dans un ouvrage, inculpe l'introduction par le livre, le livre par les pièces justificatives, et demande à la page 82 ce qu'il faut penser de la page 299. Ce n'est pas sans quelque fatigue, et, disons-le, sans quelqu'amerlume que nous nous voyons sans cesse obligés de combattre pour des principes que nous croyions reconnus, pour des vérités que nous devions nous croire définitivement acquises. Ce procès, messieurs. n'est qu'un véritable procès de tendance ; ce que l'on vous signale, ce ne sont point des provocations, des attaques, des offenses ; ce sont des jugemens, des opinions, de l'histoire. Ce que vous avez entendu, ce n'est point un réquisitoire, c'est un élégant article de journal. On vous a présenté des biographies, des notices historiques ; on ne vous a point présenté de discussion judiciaire.

L'accusation incrimine l'ensemble du livre, elle en incrimine particulièrement divers passages. Nous ne pouvons reconnaître comme légale l'attaque dirigée contre l'ensemble ; attaquer le caractère général de l'ouvrage, c'est, encore une fois, ressusciter les procès de tendance et l'on n'a guère fait autre chose : la loi exige en cette matière des provocations, des outrages formels, et c'est pour cette raison que la loi du 26 mai 1815 dans ses articles 6 et 15, fait à l'accusation un devoir impérieux de la spécialité. Toutefois, puisque le caractère général du livre est incriminé, nous ne reculons pas devant l'obligation de le défendre ; nous prouverons que sous ce rapport, il est triplement protégé contre l'accusation ; comme défense personnelle, comme expression d'une opinion, comme document historique. Après avoir établi ces vérités générales, il nous sera facile de justifier en peu de mots les passages inculpés, et surtout, d'écarter ce funeste et douloureux épisode du 21 janvier qui ne figure point dans l'écrit et qui n'aurait pas dû figurer davantage dans l'accusation.

Nous disons que le livre de Levasseur présente pour premier caractère, celui d'une défense personnelle. Pour s'en convaincre, il suffit d'examiner dans quelle circonstance l'auteur l'a écrit. Ce n'est pas sans étonnement, nous l'avouons, que nous nous voyons appelés à proclamer à votre audience des vérités historiques au lieu de vérités judiciaires : mais puisqu'on ne nous accuse qu'avec de l'histoire fondée sur l'erreur, c'est avec de l'histoire fondée sur la vérité que nous devons nous justifier.

Un demi-siècle s'est bientôt écoulé depuis qu'une révolution immense a renouvelé la société tout entière. Dans son principe, cette révolution fut éminemment juste et bienfaisante. Remplacer le privilége par le droit commun, substituer le régime des garanties au régime de l'arbitraire, tel était son but. Liberté de la presse, sûreté individuelle, tolérance religieuse, liberté de l'industrie et du commerce, équitable répartition de la propriété et de l'impôt, institution du jury, établissement du gouvernement représentatif, voilà ce qu'elle se proposait dans l'origine, voilà ce que, trente ans plus tard, la charte a sanctionné.

La volonté royale elle-même avait consacré cette révolution. En accordant au. tiers une représentation égale à celle des ordres privilégiés, elle avait elle-même organisé légalement l'instrument des réformes. Ainsi la royauté, qu'à tort on a montrée comme menacée par notre régénération politique, s'y est associée, au contraire, dans deux occasions solennelles. En 1788, elle en a consacré le principe ; en 1814, elle en a consacré le résultat.

Si cette consécration eût été respectée, la révolution se fût accomplie sans orages ; mais à peine commencée elle fut en butte aux plus violentes attaques du privilège : scission dans l'assemblée, tentative de coups d'état, appel à la force armée, complots à l'intérieur, guerre civile, recours à l'étranger, tout fut employé contre elle.

Alors la révolution, poussée hors de ses premières voies, perdit son premier caractère. D'une réformation, elle devint un combat: de là, une crise passagère, il est vrai, mais terrible.

Dans cette crise, bien des crimes furent commis, bien du sang fut versé ! Toutefois, n'oublions pas de le reconnaître, de grands résultats aussi, et dont l'humanité eut droit de s'applaudir, furent obtenus; le pays fut sauvé de l'invasion étrangère ; l'œuvre de la réformation fut conservée, et la contre-révolution fut repoussée avec tout le cortége de vengeances qu'elle traînait après elle.

Néanmoins l'effusion du sang avait indigné les cœurs généreux. Une réprobation universelle s'était élevée contre tous les hommes qui, pendant cette époque fatale, avaient touché aux rênes du gouvernement. Elle avait continué sous les gouvernemens qui suivirent et qui tous avaient intérêt à flétrir la révolution, et jusque sous l'empire, qui s'était constitué son héritier bénéficiaire.

Voilà qu'après 40 ans, un de ces hommes, qui a survécu, qui a persisté dans ses croyances ; dont la sincérité ne peut paraître douteuse, car il a pu changer comme tant d'autres, et il a préféré la persécution à l'apostasie, voilà qu'un de ces hommes élève enfin la voix pour se justifier. Son écrit, grave, purement historique, ne touche à rien d'actuel ; la postérité a déjà commencé pour lui: il entreprend de prouver, non que les crimes commis n'ont pas été des crimes, mais qu'ils n'ont pas été son ouvrage, ni l'ouvrage de son parti :

« Depuis 34 ans, dit-il, ma carrière politique est termi-
»née, et depuis trente-quatre ans mes ennemis ont défiguré

»les trois années que j'ai passées sur la scène publique , et en
»ont fait contre moi une source féconde de calomnies. Mal-
»heureux débris d'un parti vaincu, je n'ai point abandonné les
»principes que je professais lorsqu'il était triomphant ; et mes
»accusateurs , dédaignant de coordonner entre elles leurs im-
»putations, m'ont reproché jusqu'à ma constance. Depuis 34
» ans , j'ai supporté toutes les calomnies sans me plaindre , at-
»tendant au sein de la retraite le moment de faire entendre la
»vérité. Vieux et proscrit, j'ai déjà un pied dans la tombe ;
»l'heure est enfin venue d'élever la voix ; aussi-bien, quelques
» mois de plus , et peut-être ne pourrai-je plus parler. Aujour-
»d'hui, une jeune génération qui n'a point vu nos jours d'o-
»rage, a succédé à mes contemporains. Pour eux, nous autres
»survivans affaiblis d'une ère que je ne crains pas d'appeler
» glorieuse , nous sommes en quelque sorte des personnages
»historiques , auxquels aucune passion vivante ne se rapporte
»plus. Nous avons vu la postérité de notre vivant, et nous pou-
» vons enfin être jugés par des hommes impartiaux , vierges
»d'esprit de parti , et qui nous apprécieront, d'après les faits ,
»avec l'équité consciencieuse que les contemporains , acteurs
»comme nous dans le grand drame de la révolution , nous ont
» refusée. »

Evidemment, celui qui tient ce langage ne fait qu'user du
droit de la défense personnelle ; or, messieurs, s'il est un droit
sacré réclamé par la nature et par la loi , c'est le droit de la
défense individuelle, *est igitur hæc non scripta sed nata lex ;
quam non didicimus, accepimus, legimus, sed etiam arripuimus ,
hausimus.* Il n'en est point qui soit devenue l'objet de plus nom-
breuses consécrations de la part du législateur. Votre vie est-
elle menacée? le droit de la défense ira jusqu'à donner la
mort. Votre honneur? la loi vous protége contre la diffamation
et repousse même la preuve des faits diffamatoires. Etes-vous
seulement nommé, seulement désigné dans un journal? elle
l'oblige d'insérer votre réponse. Etes-vous traduit devant les
tribunaux? là s'accumulent les garanties de toute espèce.

Si, convaincu par la notoriété publique, si, menacé seulement d'une peine légère, un accusé paraissait ici devant vous,
vous vous croiriez obligés d'écouter sa défense, vous lui accor-
deriez le secours d'un défenseur ; s'il n'en avait point, vous lui
donneriez un défenseur d'office; vous commanderiez à vos huis-
siers d'ouvrir les portes de votre tribunal ; la défense serait publique, libre, inviolable ; les journaux la répéteraient à toute
la France, et leur récit jouirait de la même inviolabilité. Ici ce
n'est point un tribunal ordinaire, c'est la postérité qui est ap-
pelée à nous juger : la peine qui nous attend n'est point une
peine legère, c'est l'exécration du genre humain et celle des

générations futures, et vous pourriez étouffer la défense! et vous la repousseriez par ces mots terribles : *la cause est entendue!* A votre dernière audience, le ministère public vous invitait à ne pas souffrir que le vice se permît d'odieuses justifications, il vous rappelait même (et peut-être aurez-vous été peu flatté du parallèle) la jurisprudence du tribunal révolutionnaire. Eh quoi! messieurs, y aurait-il donc sur la terre une classe d'hommes à laquelle il fût interdit de se défendre? *Frappe , mais écoute ,* disait le général athénien : *frappez, et n'écoutez pas,* vous dit l'accusation.....

Le déni de la défense serait déjà chose odieuse quand il aurait pour excuse un danger réel. Je ne crains pas d'invoquer ici le témoignage de Levasseur lui-même jugeant la conduite de son parti envers les Girondins accusés. » Une circonstance » de leur procès a, dit-il, justement indigné un grand nombre » d'historiens ; je veux parler du décret qui permettait aux ju- « rés de couper la parole aux accusés, après trois jours de dé- » bats , en se déclarant suffisamment éclairés. Malgré la gra- » vité des circonstances , malgré le danger que pouvait trou- » ver la convention à laisser les Girondins, du sein du tribunal » révolutionnaire, élever tribune contre tribune, et prêcher à » la fois l'insurrection et les doctrines fédéralistes qui avaient » failli nous perdre ; malgré, dis-je, ce qui pouvait paraître me- » naçant dans les longs débats du procès des vingt-deux, le décret » qui les frappa était contraire à tous les droits, à toute idée de » justice; la majorité de la convention se laissa égarer par cette » idée, qu'elle était en état de guerre, et que tous les moyens » qui assuraient le triomphe pouvaient être employés! Erreur » déplorable! même dans la guerre la plus acharnée, il est cer- » tains moyens que nul n'a le droit de se permettre ; ce sont ceux » qui blessent la morale et les lois éternelles de la justice et de » la raison ! »

Eh bien ! Messieurs, c'est un pareil décret qu'on vous demande ! C'est pis encore , on veut que vous vous déclariez suffisamment éclairés avant l'ouverture des débats! On veut plus , le tribunal révolutionnaire supprimait . mais ne punissait pas la défense ! ce qu'on vous demande, c'est d'imiter ce préteur romain qui faisait battre de verges l'accusé assez téméraire pour se défendre à son tribunal!... (Sensation.)

Mais ici , l'excuse du danger n'est pas même admissible ; de quoi s'agit-il? D'un ouvrage d'histoire et purement d'histoire : d'un ouvrage en deux volumes et qui doit en avoir deux autres encore. J'ai peine en cette circonstance à mettre le ministère public d'accord avec lui-même ; est-il question d'un journal, de quelque léger pamphlet? le poison sous ce petit volume va circuler et se répandre avec facilité dans toutes les veines du

6

corps social! Voilà le langage qu'on vous fait entendre. Mais alors quel danger trouvez-vous dans notre livre? Vous figurez-vous les quatre gros volumes in-octavo de Levasseur, parcourant les campagnes, pénétrant sous les humbles chaumières, et venant provoquer l'humble journalier, le modeste laboureur, au rétablissement de la répnblique!...

Au surplus, que ponvez-vons trouver d'immoral ou de menaçant dans cette justification? L'auteur vient-il applaudir aux cruautés commises? vient-il vous dire : nous avons proscrit, nous avons bien fait; il fallait punir, il fallait épouvanter? Rien de semblable : l'établissement de la terreur, nous dit l'écrivain, fut involontaire; nul n'a cherché à créer la terreur; elle est née de la force des circonstances; nous avons vu le pays et la liberté attaqués avec furie; c'était la force matérielle qui les attaquait, c'était par la même force qu'il les fallait défendre; une seule était à notre disposition, la force populaire; recours funeste! instrument ingouvernable! des maux affreux, le désordre, l'anarchie, devaient résulter de son emploi, mais recours nécessaire toute fois; il fallait l'accepter ou laisser périr la réformation commencée et l'indépendance nationale elle-même!... Le ministère public s'est occupé avec sollicitude de tous les intérêts hormis ces deux là, qui pourtant, ce me semble, en valaient bien la peine. Il a fait plus, il a paru même se résigner sans trop d'efforts à la chance de l'invasion étrangère. A ces paroles, j'ai senti la rougeur me monter au front, et mon cœur de Français palpiter de colère. L'invasion, grand Dieu! et quel plus grand fléau! quelle plus profonde humiliation pour un peuple! L'invasion! qui l'opprime, qui le mutile, qui dévore et ses ressources et le sang de ses défenseurs; qui le jette sous les pieds d'un vainqueur orgueilleux; qui lui ravit jusqu'à la propriété de lui-même! Ah! si du moins l'invasion n'était pour nous qu'un souvenir éloigné, nous pourrions nous en dissimuler la honte et les rigueurs; mais en quel moment vient-on nous tenir ce langage? C'est lorsque naguère encore l'étranger foulait notre territoire; c'est à la vue de nos musées dévastés, de nos ponts que les grenades prussiennes voulaient détruire, du palais des rois que menaçait le canon du vainqueur; c'est au milieu de nos campagnes où s'étendit le ravage, c'est sur les tombeaux de nos soldats tombés en combattant pour la patrie, qu'on vient vous présenter l'invasion presque comme un bienfait!.... Ils étaient donc criminels ces généreux citoyens qui se précipitaient sur la frontière! en défendant le territoire ils défendaient le fléau de l'anarchie contre le bienfait de l'invasion?... Mais non, Français, non, vous n'avez point failli en repoussant l'étranger : j'en jure par les mânes de ceux qui sont morts aux plaines de Jemmapes et de Fleurus! (*Bravos; sensation prolongée.*)

Si le parti du privilége a toujours été flétri , déshonoré , c'est surtout parce qu'il s'est toujours placé sous l'invocation de l'étranger ; parce , vaincu dans l'intérieur , il a toujours imploré pour son pays le fléau de la guerre étrangère.

D'ailleurs, l'organe du ministère public tombe ici dans une grave erreur : il présente l'invasion comme un remède à l'anarchie qui désolait la France; il ne voit pas que l'anarchie est née précisément de l'agression étrangère. Cette erreur n'est que trop commune, il est vrai. Lorsque l'on parle des excès de notre révolution, on semble supposer qu'une fureur gratuite se serait emparée des esprits dans un moment donné : on oublie l'attaque et l'on incrimine la défense. La vérité, au contraire, c'est que, même dans ses crises les plus violentes, la révolution ne fût jamais qu'une guerre défensive : elle répondit quelquefois d'une manière terrible à ses agresseurs ; mais elle fut toujours provoquée. Quand le tiers-état se constitua en assemblée nationale, quel était le provocateur? le parti du privilége, qui, par la scission des ordres, avait voulu annuler la double représentation. Lors du serment du Jeu de Paume , quel était le provocateur? le parti du privilége, qui avait préparé le lit de justice du 23 juin. Au quatorze juillet, quel était le provocateur? le parti du privilége, qui avait appelé la force armée contre la représentation nationale. Plus tard, quel fut encore le provocateur? le parti du privilége, qui suscita la réunion des gardes du corps, provoqua l'insulte aux couleurs nationales , et prépara l'enlèvement du monarque. Enfin, lors des dernières catastrophes , quels furent les provocateurs? l'émigration armée, Brunswick et son insolent manifeste , la guerre étrangère, l'entrée des Prussiens sur le territoire français pour soutenir la cause du privilége. Disons-le , les véritables auteurs de l'anarchie, ce sont ceux qui ont appelé l'étranger.

Mais, dites-vous, Levasseur fait l'éloge de l'anarchie ! Au contraire, il la déplore, il l'appelle une calamité fatale ; il en signale les inconvéniens terribles. — Il approuve les excès de la révolution ! Au contraire, il les flétrit dans vingt endroits de son livre ; tout son système se réduit à dire : « Pressés entre l'invasion et l'anarchie , de deux maux nous avons choisi le moindre ; si des crimes ont été commis, détestez-en les auteurs; mais n'en accusez pas le gouvernement qui ne les a point commandés; ils n'ont pas été le résultat d'un plan combiné à l'avance ; mais un malheur attaché à l'usage d'une arme nécessaire pour nous défendre ! Il y a eu des crimes, parce qu'il y avait désordre dans l'état : désordre, parce qu'il y avait anarchie : parce que d'immenses dangers nous menaçaient , et qu'il ne nous restait que l'énergie des masses pour sauver la liberté et la France. Mais ces crimes appartiennent à des individus ; la majorité en est innocente. Messieurs, si c'était là une erreur, il faudrait l'excuser encore : car elle serait consolante et morale. Mais nous ne craignons pas de le dire, tout n'est point erreur dans ce langage. Nous croyons avec un ministre du roi, avec M. de Serre, que même aux époques les plus violentes, les majorités ont toujours été pures, au moins d'intention. Nous ne pouvons admettre qu'une légion d'esprits infernaux se soit précipitée sur une nation de vingt-cinq millions d'hommes ! ait saisi sans opposition les rênes du gouvernement, ait pu sympathiser avec la nation tout entière, l'électriser, et lui faire enfanter, au sein des plus terribles désordres, des prodiges de dévouement et de vaillance !

L'ouvrage, sous ce premier rapport, est donc innocent à double titre : innocent comme défense, innocent comme expression d'un système qui ne blesse ni la morale ni la sûreté de l'état. Mais je veux oublier que ces Mémoires sont une défense ; je veux que Levasseur soit étranger aux événemens qu'il retrace, et qu'il ait seulement émis une opinion sur des temps déjà loin de nous. Considéré sous ce nouveau point de vue, son livre est encore inattaquable ; il ne touche à rien d'actuel : nous n'y pouvons voir qu'une manière de considérer des faits arrivés il y a quarante ans : c'est de la théorie toute pure. Or, je connais bien des lois qui punissent les provocations aux délits, les diffamations, les offenses ; je n'en connais point qui punissent les opinions.

Comment cela pourrait-il être ? Pour qu'une loi répressive soit efficace, il faut que la répression soit en rapport avec la chose réprimée. A des actes purement matériels, vous opposez des peines également matérielles ; mais à des opinions, vous ne pouvez opposer ni la prison ni l'amende : ces choses là n'ont point de prises sur la conviction ; à des idées, vous ne pouvez rien opposer que des idées. Qu'on vous montre un voleur, un faussaire, vous dites à vos gendarmes : Appréhendez-moi cet homme au corps, mais pouvez-vous lui dire de l'appréhender à l'esprit ?

Votre intervention d'ailleurs ne serait ici qu'une source d'erreurs. Quel est l'homme, quel est le corps, quel est le pouvoir assez insolemment téméraire pour oser se proclamer en possession certaine de la vérité, pour se déclarer infaillible ? pour commander sous des peines la croyance à son infaillibilité ? Il est, disait un de nos plus spirituels hommes d'état, quelqu'un qui a plus d'esprit que Voltaire, plus que Napoléon, c'est *tout le monde* ; et moi je dis à mon tour : « En fait d'opinion, il est quelqu'un qui a plus de sagesse que tous les sages, plus de lumières que les tribunaux, que les législateurs les plus éclairés, *c'est tout le monde. Tout le monde* ! Voilà le juge naturel devant lequel il faut renvoyer les accusés en matière de théorie et de doctrine.

Quand l'autorité intervient en cette matière, elle n'usurpe pas seulement, elle se déconsidère et se dégrade. Voyez, lorsque la puissance veut commander à l'opinion, à quel point elle peut s'égarer ! Voyez Galilée condamné pour avoir enseigné le mouvement de la terre! Voyez nos anciens parlemens, si sages lorsqu'ils se bornaient à rendre la justice aux peuples, tombant dans les erreurs les plus étranges lorsqu'ils ont voulu imposer leurs idées aux autres hommes! Rappelez-vous ces arrêts rendus tour à tour pour et contre Aristote, pour et contre Descartes, pour et contre les idées innées, *e semper bené* ! ces arrêts contre la circulation du sang, contre l'émétique, contre le quinquina, contre l'inoculation ; oui, messieurs. il y a chose jugée contre l'inoculation et le quinquina! (Rire général.)

Voulez-vous d'autres exemples? Prenez la liste de nos écrivains les plus célèbres, vous ne trouverez presque pas un de leurs chefs-d'œuvre qui n'ait été frappé d'une condamnation ou d'une censure : j'en ai fait un relevé sommaire ; écoutez: la sagesse de Charon, censurée ; les Lettres provinciales de Pascal, brûlées par le bourreau ; les Maximes des Saints, de Fénélon, supprimées ; l'Emile de J. J. Rousseau, brûlé par le bourreau ; l'Histoire naturelle de Buffon, censurée ; le Cours d'Étude de Condillac, supprimé ; l'Esprit des lois de Montesquieu, censuré ; les Observations de Mably sur l'Histoire de France, supprimées ; la Constitution anglaise de Delolme, supprimée, l'Éloge de Fénélon par La Harpe, supprimé.

Voilà, messieurs, à quelles bévues déplorables s'expose le pouvoir alors qu'il veut sortir de sa sphère.

Aussi la répression a-t elle toujours été impuissante contre les opinions : toujours on a pensé qu'une condamnation était le plus mauvais de tous les argumens. Tous les pouvoirs, en effet, ont leur domaine et leurs limites ; point de loi qui puisse nous prescrire d'être affecté de telle ou telle façon ; voyez le pouvoir judiciaire; reste-t-il dans ses attributions? son autorité est toute-puissante ; ce qu'il a décidé ne trouve point d'incrédules ; *res judicata pro veritate habitetur.* Franchit-il ces limites, veut-il commander aux opinions? à l'instant même son autorité s'évanouit, ses décisions sont frappées de nullité ; voyez les arrêts que je viens de vous citer. Sont-ce, dites-moi, des vérités judiciaires, que le soleil tourne autour de la terre, que le sang ne circule pas dans nos veines; tout cela pourtant a été jugé. Si vous condamniez aujourd'hui, croyez-vous que votre jugement changerait quelque chose à l'opinion des hommes? croyez-vous que l'on se trouvât obligé de penser de telle ou telle manière, sur la révolution, sur la convention, sur la montagne, attendu la chose jugée ? Non. messieurs, et je ne crains pas de vous déplaire en vous le disant avec franchise, car votre sagesse est sagesse surtout en ce qu'elle connaît et respecte ses bornes nécessaires. Si vous condamniez, vous tourmenteriez l'existence d'un écrivain estimable, vous feriez du mal à un honnête homme ; mais pour les choses, elles resteraient ce qu'elles sont, chacun continuerait de penser sur elles ce qu'il en pense aujourd'hui : reconnaissez par là dans quel abus on voudrait vous entraîner.

Et quel spectacle vous ont offert ces débats ? quelle guerre aux mots, quelle exubérance de détails étrangers à l'affaire ! L'accusation s'est constamment occupée, non pas de nous convaincre d'un délit, mais de faire de l'histoire en opposition avec l'histoire faite par notre auteur. Chaque fait, chaque nom propre qu'elle rencontrait dans l'ouvrage devenait pour elle le texte d'une dissertation historique ; le ministère public a fait tour à tour le procès à Cambon, à Robespierre, à Cadillac, à la Montagne : quant aux prévenus. il n'avait pas l'air de songer à eux ; ils semblaient être les témoins, non les objets, des débats. Pendant plusieurs heures, ils ont pu se croire étrangers à tout ce qui se passait devant eux ; on aurait dit qu'on les avait appelés ici par pure politesse, et que M. l'avocat du roi, au lieu d'assignation, leur avait envoyé des billets d'invitation pour quelque conférence historique tenue dans une nouvelle Sorbonne, en place des conférences théologiques dont l'ancienne Sorbonne fut long-temps le théâtre. Au fond, que résulte-t-il de tous ces vastes développemens? que le ministère public est d'un avis sur une question d'histoire; que nous sommes d'un avis contraire : chacun est libre d'adopter l'une ou l'autre opinion ; il n'y a rien là pour les tribunaux.

Ce procès, je ne saurais le taire, est un véritable anachronisme ; cette poursuite appartient à un autre âge. Il fut un temps où le pouvoir prétendit commander aux opinions, souvent même aux consciences ; il se chargea de penser pour tous, il établit en dogme son infaillibilité, il décerna des peines contre les non conformistes. « Le maître l'a dit, » ne fut plus seulement la règle absurde de l'école, mais la règle tyrannique de la puissance. C'est ce que l'on a nommé le système de l'autorité en matière d'opinion; ce système, vous pouvez le juger par ses conséquences. C'est en son nom que Socrate expire pour avoir proclamé l'unité de Dieu sous un gouvernement qui professait le paganisme ; c'est en son nom que des milliers de chrétiens sont dévoués au martyre pour n'avoir point partagé les croyances du pouvoir ; c'est en son nom qu'une croisade meurtrière est dirigée contre les Albigeois, que les dragonades ensanglantent le midi de la France ; c'est en son nom que le monstre de l'inquisition dresse les bûchers qui doivent dévorer des milliers, peut-être des millions de victimes : c'est en son nom que les tribunaux les plus sages se laissent égarer jusqu'à proscrire les chefs-d'œuvre de l'esprit humain ; c'est en son nom enfin que se fonde la censure préalable, cette institution aussi ridicule qu'odieuse, et dont le nom seul est une flétrissure....

Ce système n'est pas seulement une insulte pour la raison et pour la dignité humaine : il est encore le plus grand des obstacles à la manifestation de la vérité. C'est par la libre discussion que l'esprit humain s'éclaire. Une proposition vous offense-t-elle ? ne condamnez pas, réfutez. Une doctrine vous paraît-elle erronée ou funeste ? au lieu de la proscrire, signalez-en l'erreur. C'est au public à juger en dernier ressort ; c'est à la conscience publique à décider souverainement du faux et du vrai, du bien et du mal. *Butyrum et mel comedet, ut sciat distinguere bonum et malum.*

> Mais voilà, me dis-tu, des phrases mal sonnantes,
> Sentant son philosophe, au vrai même tendantes.
> Eh bien! réfute-les ; n'est-ce pas ton métier ?
> Ne peux-tu comme moi barbouiller du papier ?
> Le public à profit met toutes nos querelles ;
> De nos cailloux frottés, il sort des étincelles.
> La lumière en peut naître, et nos grands érudits
> Ne nous ont éclairés qu'en étant contredits.
> Sifflez-moi librement ; je vous le rends, mes frères.
> Sans le droit d'examen et sans les adversaires,
> Tout languit comme à Rome, où depuis huit cents ans
> Le tranquille esclavage écrasa les talens (1).

Aussi, à toutes les époques, la raison et la dignité humaines ont-elles protesté contre cet esclavage. Socrate boit la ciguë, les martyrs acceptent les supplices, et Galilée, en face des juges qui viennent de le condamner, proclame encore le mouvement de la terre

Ce système n'est plus. De nos jours, le système de la liberté des opinions a heureusement prévalu ; la charte l'a reconnu dans son article 8 : « Les Français ont le droit de publier et de faire imprimer *leurs opinions*, en se conformant aux lois qui doivent réprimer les abus de cette liberté. » Ainsi, point de provocations, point de diffamations, point d'outrages : ce sont là les *abus* de la liberté d'écrire ; mais ne voulez-vous

____

(1) Voltaire. Épître au roi de Danemarck.

qu'émettre une simple opinion, écrivez ; vous êtes libres ‹ la charte l'a déclaré.

La loi de 1819 n'a fait que mettre en action ce principe de la loi constitutionnelle. Ainsi l'annonçait à la tribune le plus profond de nos orateurs, M. Royer-Collard, parlant au nom du gouvernement dont alors il faisait partie : « Il est reconnu *de toutes parts*, disait-il, que les OPINIONS ne sont l'objet de la loi ni comme vraies ou fausses. ni comme salutaires ou nuisibles. Outre que la loi est *sans discernement à cet égard*, les expériences du seizième et du dix-huitième siècles attestent son impuissance, soit à établir, soit à défendre des doctrines. Aussi, messieurs, ne s'agit-il pas de simples opinions... Je prie que l'on remarque la distance de l'*opinion* à l'outrage. »

Ainsi, c'est chose bien constante que nous vivons sous le régime de la liberté des opinions. La charte le reconnaît ; la loi de 1815 le déclare. Levasseur a donc pu émettre une opinion sur les hommes et sur les choses de la révolution française sans violer la loi, sans encourir de répression judiciaire.

J'ai déjà parlé de la tendance. Pourquoi la loi qui l'instituait a-t-elle révolté tous les esprits ? Précisément parce qu'elle créait un délit d'opinion ; qu'aux définitions claires, précises de la loi pénale, elle substituait le vague, l'arbitraire, et livrait le jugement des écrits, non plus à la conscience du magistrat, mais aux passions de l'homme de parti. Grace au ciel ! la loi de tendance n'existe plus, et c'est en vain qu'on essaierait de la faire revivre devant vous.

Comme opinion, la pensée de Levasseur est déjà inviolable ; il y a plus : cette opinion est de l'histoire. Or, l'histoire surtout a toujours joui du privilége de l'inviolabilité.

La loi ne protége que les intérêts vivans. Jamais le passé n'a pu se placer sous son égide. Autre, en effet, est la mission de l'histoire ; autre celle des écrits qui traitent des choses contemporaines. Ceux-ci sont destinés à agir sur la société vivante, celle-là ne s'adresse qu'à la postérité : les uns peuvent faire fermenter des passions, alarmer des intérêts, l'autre ne parle qu'à un intérêt, qu'à une passion : celle de la vérité.

La vérité historique n'est qu'une vérité abstraite et spéculative ; elle n'a rien d'offensif ; elle ne blesse pas : elle éclaire. C'est une leçon donnée au peuple, c'est une instruction offerte à la puissance, c'est un jugement porté sur les temps qui ne sont plus. Eh quoi ! Vous nous parlez sans cesse du tribunal de l'histoire, et vous en repoussez les témoignages!

Je concevrais encore, à toute force, que la simple expression d'une opinion sur les choses présentes pût effaroucher la tyrannie ; je compâtirais peu à cette susceptibilité, car un gouvernement qui redoute la libre discussion est un mauvais gouvernement ; ce n'est pas l'écrivain, c'est lui qui est le vrai coupable, c'est lui qu'il faudrait traduire en police correctionnelle. Toutefois, cette susceptibilité, sans l'approuver, je pourrais la concevoir ; mais une opinion sur les choses passées, quelle action directe peut-elle exercer sur le pouvoir et sur la société ? je dis quelle action directe, car, encore une fois, il ne s'agit pas ici de tendance.

Comment d'ailleurs incriminer l'histoire ? L'histoire se compose de faits ou de jugemens sur des faits ; quant aux faits, comment les incriminer ? comment un fait pourrait-il être coupable ? quant aux jugemens, comment une opinion sur des faits plus ou moins éloignés de nous pourrait-elle constituer une attaque contre les intérêts présens, les seuls que la loi ait entendu protéger ? Sont-ce les faits que vous me contestez ? ce n'est plus une question judiciaire, c'est une question d'histoire ; ce n'est pas ici qu'il faut la décider. Sortons du tribunal, entrons dans quelque bibliothèque, ouvrons des livres, apportons des autorités, la justice n'a rien à voir dans tout cela. Sont-ce les jugemens que vous me contestez ? alors c'est une opinion que vous attaquez, et ce qui est plus monstrueux, une opinion, non sur le présent, mais sur le passé.

Et cette adoration du passé, où donc s'arrêtera-t-elle ? faudra-t-il, pour écrire en liberté, remonter jusqu'au dix-huitième siècle ? nous sera-t-il permis d'écrire sur le dix-septième ? pourrai-je faire l'histoire du seizième sans me faire d'affaire avec la justice ? ou bien faudra-t-il rétrograder jusqu'aux Francs ? serai-je obligé, de par le ministère public, de penser comme lui sur les Gaulois, et me fera-t-il un procès pour n'avoir pas partagé son opinion sur les querelles de Cicéron et de Catilina, sur les rivalités de César et de Pompée ?

J'ai lu quelque part que l'historien Mézerai ayant jugé avec quelque indépendance les opérations financières des devanciers de Louis XIV, reçut un jour une belle lettre de M. Colbert qui lui déclarait que S. M. ne le pensionnait pas pour parler avec cette liberté de la conduite des rois ses prédécesseurs, et qu'en conséquence sa pension était supprimée. L'histoire ajoute que Mézerai mit sur un sac d'argent cette inscription qui fut trouvée à sa mort : « C'est ici le dernier argent que j'ai reçu du roi, aussi depuis ce temps je n'ai jamais dit de bien de lui. » Mais d'abord il faut considérer que cela se passait sous le despotisme, et puis le despotisme lui-même ne fit pas de procès à l'historien pour avoir librement parlé ; il lui retira sa pension ; c'était une faveur qu'il avait droit de reprendre. Mézerai fut disgracié, mais il n'alla point en prison. C'est ici le pouvoir absolu qui nous don•

ne une leçon de mansuétude, et encore dans cette circonstance n'est-ce pas au pouvoir que la postérité a donné raison.

Mais après les exemples du despotisme, voyons ceux du gouvernement constitutionnel. C'est votre propre jurisprudence qu'ici je viens invoquer. Vous n'avez pas oublié qu'il y a peu d'années, une feuille justement flétrie avait osé diffamer la mémoire d'un de nos plus illustres magistrats, de la Chalotais. La famille offensée vint vous demander réparation de l'outrage. Elle exhala ses plaintes par l'organe d'un orateur que notre barreau s'honore de posséder aujourd'hui. La diffamation était constante ; la calomnie était prouvée. Cependant , Messieurs, vous avez considéré qu'un demi-siècle s'était écoulé depuis la mort de la Chalotais ; que la loi ne protégeait plus des cendres refroidies ; que l'histoire était libre, même dans ses erreurs, et votre jugement, tout en blâmant le mensonge et l'injure, n'a point prononcé de peine contre leurs auteurs.

Nous devons ici applaudir à votre sagesse. Non, ce n'est point à la police correctionnelle à faire de l'histoire. Etrange prétention de nos accusateurs ! quoi , désormais ce sera donc le ministère public qui se chargera d'écrire nos annales ! c'est dans les réquisitoires des avocats du roi qu'il nous faudra étudier l'histoire, et les archives des nations se trouveront dans les greffes des tribunaux correctionnels. On vient vous demander des jugemens historiques comme jadis on demandait à nos parlemens des arrêts de métaphysique et de médecine. On veut que vous décidiez par votre sentence que la révolution fut criminelle, la convention, sanguinaire , la montagne, impitoyable. Eh ! ne voyez-vous pas que du moment où vous seriez appelés à prononcer sur de semblables questions , l'histoire ne serait plus la libre expression de la conscience publique, elle ne serait plus que le monopole du plus fort.

Le ministère public a senti l'objection. Voyons comment il y a répondu. L'histoire est libre, s'est-il empressé de vous dire, le ciel nous préserve d'attenter à son indépendance ! Ecrivez l'histoire comme je l'écrirais moi-même , dites ce que je pense, louez ce que j'approuve , condamnez ce que je blâme , et n'ayez aucune crainte ; je vous promets de ne pas vous poursuivre. Liberté, liberté tout entière à ceux qui penseront comme moi ! Là dessus je n'ai qu'un mot à dire : c'est que la liberté d'écrire n'est pas le droit d'écrire ce qui plaît au pouvoir ; cette liberté là, elle se trouve partout, même dans les gouvernemens les plus absolus. Il n'est pas besoin de constitution pour cela. La liberté, c'est le droit de dire ce qui déplaît au pouvoir, ce qui l'importune, ce qu'il ne voudrait pas entendre. Or, arrangez cette liberté avec les déclarations du ministère public.

Comme défense personnelle , comme opinion , comme document historique, le livre de Levasseur est donc à l'abri de toute inculpation? Voilà pour le caractère général. Il est temps de dire un mot des passages incriminés.

N'attendez pas, messieurs, que j'aille ici me traîner sur les pas de l'accusation. la suivre dans tous ses développemens. la combattre dans toutes ses affirmations; la tâche ne serait pas légère ; et si, parce que le ministère public a cru devoir faire quatre volumes de commentaires sur les deux volumes de Levasseur, je me croyais obligé de faire 8 volumes de commentaires sur les quatre volumes du ministère public. il n'y aurait pas de raison pour en finir. D'ailleurs, les passages isolés sont déjà justifiés d'avance par la défense générale que nous venons de vous présenter ; ils font partie du livre, et si le livre est innocent ils ne peuvent être coupables. Discutons toutefois quelques-uns des griefs de l'accusation ; non pas tous, mais seulement quelques-uns à titre d'exemple.

Mais d'abord qu'il me soit permis de faire entendre une plainte : on s'est souvent récrié, non sans raison, contre l'abus du système interprétatif, contre cette méthode abusive qui, séparant ce qu'un auteur a joint, joignant ce qu'il a séparé, forçant sa pensée, pressant son langage pour en exprimer des conséquences auxquelles souvent il n'avait point songé, rend l'ouvrage méconnaissable au public et à l'écrivain lui-même : mais jamais, il faut l'avouer, cet abus n'avait été porté si loin qu'à votre dernière audience. Nous avions vu souvent l'accusation faire dire à un écrivain ce qu'il n'avait pas dit, nous ne l'avions pas vu encore lui faire dire précisément le contraire , non de ce qu'il a pensé, non de ce qu'il a dit, mais de ce qu'il a écrit.

A entendre l'orateur du ministère public, Levasseur a fait l'éloge des journées de septembre. l'éloge de Marat. l'éloge de l'anarchie, l'éloge des crimes de la révolution. Vous allez voir comment ces reproches sont mérités.

Levasseur a loué les journées de septembre ! Ouvrez , messieurs, le premier volume, à la page 43. Voici ce que vous y lirez :

« Nous eûmes à *déplorer bien des malheurs*, et à nous indi-
»gner de *plus d'un crime.* Les massacres du 2 septembre vinrent
»*épouvanter la France* au moment où elle s'élançait vers un a-
» venir meilleur. Ces *crimes*, ces *désastres* ont été reprochés aux
»hommes avec lesquels j'ai long-temps voté; je dois repousser
»une telle accusation , *la plus hideuse* et *la plus injuste* de cel-
»les qu'on a essayé de faire peser sur nous. Non , les patriotes
»exaltés , qui composèrent depuis la Montagne, n'ont pas pro-

»voqué les assassinats de septembre ; ils n'ont pas vu ces *crimes*
» avec moins d'*horreur* que le reste de la France. »

Voyez encore la page 46 :

« C'est alors que les *horribles* journées de septembre vinrent
»*épouvanter tout ce qu'il y avait d'honnête en France*. Tandis que
»la crainte de l'invasion poussait aux frontières tous les cœurs
»généreux, des hommes *altérés de vengeance* trouvaient plus
»facile d'assouvir leur rage sur de malheureux prisonniers. Ces
» *fatales journées* sont assez connues... »

Voilà l'éloge des journées de septembre.

Levasseur a loué Marat. Ouvrez encore le premier volume à
la page 64 :

« Il faut le dire, la députation de Paris et la montagne avaient
»dans leur sein deux hommes qui prêtaient aux calomnies de la
»Gironde. Le premier....; le second, républicain atrabilaire ,
» possédé par quelques idées fixes, compromettait la cause de
» la liberté par ses exagérations. Il ne craignait pas de procla-
»mer que ses principes ne pouvaient triompher qu'en faisant
»couler des flots de sang, et dans sa sombre monomanie, il de-
»mandait le sacrifice de deux cent soixante-dix mille têtes. Un
»tel homme était un funeste drapeau pour le parti au milieu
»duquel il vint siéger ; aussi les girondins profitèrent-ils de sa
» *fatale* réputation pour diriger contre nous d'odieuses imputa-
» tions, qui avaient d'autant moins de vraisemblance, que les
»députés des départemens virent Marat pour la première fois
»dans le sein même de la convention. Bien plus, ce fanatique
»énergumène nous inspirait à nous-mêmes une sorte de répu-
»gnance et de stupeur. Lorsqu'on me le montra pour la pre-
» mière fois, s'agitant avec violence au sommet de la montagne,
»je le considérai avec cette curiosité inquiète qu'on éprouve
» en contemplant *certains insectes hideux* ; ses vêtemens en dé-
»sordre, sa figure livide, ses yeux hagards , avaient je ne sais
»quoi de *rebutant* et d'*épouvantable* qui contristait l'âme. Tous
»les collègues, avec lesquels je me liai d'amitié , le jugèrent
» comme moi. »

Voilà l'éloge de Marat !

Levasseur a loué l'anarchie ? Ouvrez le second volume à la
page 194.

« Alors la terreur commença à s'emparer des esprits ; alors
» un grand nombre de patriotes s'arrêtèrent, *effrayés de parcou-*
» *rir une carrière devenue sanglante* ; alors le principe actif de la
»révolution menaça de s'éteindre ! Certes , ces condamnations
»politiques , *toujours odieuses* , même quand elles sont justi-
» fiées par les faits, et qui le deviennent bien plus encore lors-
» que le glaive a frappé des innocens : ces condamnations , ces
» échafauds *répandent une teinte hideuse et sinistre* sur l'histoire

»de l'époque qu'ils ont *effrayée. Déplorons ces sanglans sacrifi-*
»*ces, déplorons-les, car une seule goutte de sang humain ne peut*
»*être versée par un homme sans que l'humanité ne doive frémir !*
déplorons-les, mais n'en faisons point un crime à la république
»et à la Montagne, qui ne les ont point prescrits ; *ils ont été*
»*un fléau* né des circonstances, mais non de la volonté des
»hommes. Et en effet, au milieu de l'immense mouvement de
»résistance nationale que nous avions suscité, toutes les pas-
»sions avaient été soulevées, toutes les forces appelées à la dé-
»fense de la patrie. Dans ce grand mouvement national, l'a-
»narchie seule était notre moyen de résistance, l'anar-
»chie seule gagnait des batailles, chassait l'ennemi du ter-
»ritoire, aplanissait la route de la république ; mais si nous
»ressentions les bienfaits de ce moyen puissant, créé par nos
»mains, nous devions bientôt en subir aussi les inconvéniens,
»et ces *inconvéniens étaient terribles.* »

Voilà l'éloge de l'anarchie !

Levasseur a loué les crimes de la révolution ; ouvrez le même
volume à la page 145, (vous voyez, Messieurs, que toutes mes
réponses sont péremptoires).

« *Bien des excès* suivirent ces admirables faits d'armes ; Fou-
»ché et Collot-d'Herbois dans Lyon, Fréron à-Marseille, Car-
»rière à Nantes, réunirent leurs efforts pour *faire haïr le nom*
»*français et les institutions républicaines.* Mais les *crimes* de ces
»hommes étaient-ils ceux de la république? Tous les patriotes
»sont-ils responsables des actes de quelques *monstres?* Non,
»sans-doute, il existe encore d'ardens républicains qui ne ré-
»pudieront pas leur noble croyance, parce que des *tigres* qui
»prétendaient la servir, se sont souillés de mille excès. Hélas,
«trop de vengeances nécessaires ont été suscitées par nos dis-
«cordes civiles ; *honte et malheur* à ceux qui se sont faits les ins-
»trumens de vengeances inutiles, de sanguinaires proscrip-
»tions! Ceux-là heureusement ne se sont pas trouvés dans nos
»rangs au jour du péril. »

Voilà l'éloge des crimes révolutionnaires !

Il n'est pas permis pourtant, messieurs, de retourner ainsi,
pour l'accuser, la pensée d'un auteur, de lui imputer précisément le contraire de ce qu'il a formellement exprimé. Accusation, n'aurais-je pas le droit de vous accuser à mon tour. Aviez-
vous lu les passages que je viens de citer? Et si vous ne l'aviez
pas fait, ne suis-je pas fondé à m'écrier avec le plus éloquent
de nos écrivains ; *Monseigneur, vous lisez bien légèrement les*
ouvrages que vous qualifiez si durement. (Vive sensation.)

Ce ne sont pas là les seules méprises dont nous ayons à nous
plaindre ; ainsi l'accusation veut rendre l'auteur solidaire de
l'affreuse loi du 22 prairial, et il est notoire que Levasseur a

voté contre la loi du 22 prairial, que ses amis l'ont également repoussée, et que Ruamps, l'un d'eux a déclaré que si une pareille loi était adoptée sans ajournement, il ne restait plus qu'à se brûler la cervelle. Plus loin, en déplaçant une note à la page 197 du tome premier, on applique à la monarchie en général ce que l'éditeur a dit de la corruption du gouvernement représentatif, tel qu'il existe en Angleterre, et tel qu'il existait en France sous le ministère déplorable.

Sans prolonger d'avantage cette énumération j'arrive à l'examen des passages, et je vois qu'on peut les comprendre tous sous ces trois catégories (que ce mot ne vous alarme point) :

La première se compose de pièces historiques ,comme, par exemple, de discours prononcés à la tribune, et dans lesquels se retrouvent le langage et les idées du temps.

Je n'avais pas imaginé, je l'avoue, que l'on pût incriminer des documens officiels qui sont une partie essentielle de l'histoire et qui depuis 37 ans sont entrés dans le domaine public.

Citons quelques exemples :

Parmi les pièces justificatives du premier volume, on trouve la réponse de Robespierre, à l'accusation de Louvet ; Robespierre y parle..... comme Robespierre : cela scandalise le ministère public.

Dans un autre endroit, Levasseur rapporte le discours que lui-même a prononcé le 31 mai, et dans lequel il s'efforçait, pour sauver les Girondins de les faire considérer comme suspects de royalisme. Il n'y parle pas en royaliste. Le ministère public voit là un outrage à la royauté.

Mais d'abord ne sont-ce pas là des documens publics ? faudra-t-il brûler le *Moniteur* et le Bulletin des Lois? La France a vécu en république pendant douze ou treize années; durant cet intervalle, idées, langage, discours, actes publics, tout a porté la couleur républicaine ; faudra-t-il donc supprimer treize années de l'histoire de France? faudra-t-il appliquer un vaste carton sur cette longue page de nos annales, ou bien faudra-t-il les refaire à l'exemple de ce bon homme qui, dans son zèle monarchique, voulait qu'on réimprimât les bulletins de la grande armée en substituant partout le nom du roi légitime à celui de l'usurpateur ? ou de cet autre plus naïf encore, quoique ce soit un jésuite, qui, dans un abrégé de l'histoire de France à l'usage des écoles, a naguère placé l'article suivant : « 1809. *M. le marquis de Bonaparte*, lieutenant-général des armées du roi, entre dans Vienne, à la tête d'une armée de trois cent mille hommes?» Eh! oui, messieurs, si nous avions suivi cet exemple, si nous avions écrit « tel jour » : *M. le marquis de Robespierre* monte à la tribune pour y faire l'éloge des bienfaits de la royauté. » Tel autre jour : *M. le vicomte de Danton* prend la parole en faveur de la monarchie légitime. Tel autre jour, *M. le chevalier de Marat* s'élève avec autant de force que de sagesse contre le danger des révolutions ; si nous avions écrit toutes ces belles choses, nous ne serions pas en accusation, mais nous serions bien ridicules.

En second lieu, ce ne sont pas des discours récens que Levasseur a transcrits ; ce ne sont point des personnages contemporains qu'il a mis en scène ; il raconte que ces discours ont été tenus, que ces personnages ont ainsi parlé autrefois ; eh ! qu'importe à la monarchie, qu'en 1830 on sache qu'en 1793 un montagnard, parlant à des montagnards, leur a parlé le langage de 93 ? Faites donc le procès à l'Histoire romaine, car vous y voyez partout empreinte la haine des rois et de la royauté ; que dis-je, les poètes mêmes ne seront plus à l'abri des poursuites ; s'il font parler des impies ou les accusera d'impiété, d'immoralité s'ils font parler des scélérats ; plus de costume, plus de couleur locale, plus de vérité possible. Corneille aura offensé la dignité royale en faisant dire à Cinna par Emilie :

Pour être plus qu'un roi, tu te crois quelque chose.

Racine aura outragé la morale publique en faisant dire à Phèdre par OEnone :

> Les dieux mêmes, les dieux, de l'Olympe habitans,
> Qui d'un bruit si terrible épouvantent les crimes,
> Ont brûlé quelquefois de feux illégitimes.

Au surplus, je plaide ici pour un droit reconnu ; a-t-on jamais poursuivi le choix de rapports et discours où sont transcrites les harangues les plus hostiles à la monarchie ? A-t-on poursuivi les mémoires du républicain Louvet, du républicain Barbaroux, de la républicaine madame Roland ? Ici il y a quelque chose de plus : ce ne sont pas des mémoires particuliers, ce sont des pièces officielles, des discours de tribune, des matériaux d'histoire ; en vérité, un tel procès est incroyable. Je suis resté stupéfait lorsque j'ai vu se déployer ce grand appareil oratoire contre des pièces, lorsque j'ai entendu ces mouvemens d'éloquence si passionnés contre des documens officiels ; je me disais intérieurement : Si le *Moniteur* était accusé, quelle chaleur, que d'indignation, que d'éloquence ! quelle sainte colère enflammerait le langage du ministère accusateur ! et pourtant chacun sait que rien n'est moins dangereux pour la sûreté de l'état que le grave *Moniteur* et sa paisible propriétaire.

Mais voici quelque chose encore de plus incroyable : voici un discours également historique, mais prononcé dans une cir-

constance toute particulière. Levasseur veut défendre les prê-
tres à qui l'on menace d'enlever leur traitement. Pour mieux se
faire écouter, il croit devoir faire des concessions à l'esprit du
temps, il en prévient ses lecteurs ; il annonce que les esprits
droits comprendront le vrai sens de ses paroles, et tout cela
n'empêche pas le ministère public de s'emparer de ces concessions mêmes et d'y signaler un outrage à la religion de l'Etat.

Vous traitez, lui dit-on, la religion catholique de supersti-
tion, vous promettez des primes à l'abjuration. — Oui, c'est
ainsi qu'on parlait, qu'on agissait en 93. —Mais, insiste-t-on,
dans votre rédaction nouvelle, vous persistez jusqu'à un certain
point dans les mêmes sentimens. Car vous déclarez que vous
ne voulez pas relever des idoles détruites. — C'est-à-dire que
Levasseur déclare qu'il ne croit pas à la vérité de la religion
catholique. J'avoue que je n'avais pas soupçonné qu'on pût
trouver dans cette incrédulité, le prétexte d'une accusation,
après les déclarations aussi précises qu'éloquentes du ministre
auteur de la loi ; après l'arrêt Senancourt, après l'arrêt Châte-
lin, après l'arrêt de la Cour royale d'Aix. C'est un point désormais irrévocablement jugé, que méconnaître la vérité d'une
religion, ce n'est point l'outrager ; celui-là l'outrage qui dit
qu'elle est immorale, impure, qu'elle déprave ses sectateurs et
les conduit au crime, mais non celui qui se borne à ne pas
croire à ce qu'elle annonce. En un mot, pour qu'il y ait outrage, il ne suffit pas de nier la vérité d'un culte, il faut en
nier la moralité et la nier avec des formes offensantes.

J'arrive à une seconde classe de passages incriminés : celle-
ci se compose de faits avérés, de faits qui ne sont ni contestés
ni contestables, et dont cependant la simple énonciation est
présentée comme un délit ; j'avoue qu'ici encore mon intelli-
gence est un défaut ; je ne comprends pas comment des faits
peuvent être criminels.

Ainsi, à la page 7 de l'introduction, l'éditeur rappelle que
le parti de l'égalité absolue a obtenu en 1792 une immense majorité, la chose est constante, et la preuve en est que ce parti a
écrasé tous les autres ; c'est là un fait bon ou mauvais, mais
c'est un fait.

A la page 18 on lit que deux millions de Français ont adhéré à l'acte additionnel ; le *Moniteur* est là pour l'établir. Ces
deux millions de Français ont eu tort ou raison d'adhérer :
comme il vous plaira ; mais ils ont adhéré, c'est un fait.

A la page 31 du livre on annonce qu'un parti pensa
que l'événement de Varennes avait rendu impossible l'alliance
du trône et du pays ; que ce parti a été tout-puissant sur les
masses ; que Levasseur et les siens ont cru nécessaire de rompre
avec la royauté. Tout cela est historique : un parti a pensé cela

et la preuve c'est qu'il a agi en conséquence, ce parti a été tout puissant sur les masses, et la preuve c'est qu'il a été le plus fort. Levasseur et ses amis ont cru nécessaire de rompre avec la royauté, et la preuve c'est qu'ils ont rompu avec la royauté; ils ont bien ou mal cru, tout comme vous voudrez; mais ils ont cru, c'est un fait qu'on ne peut contester.

Plus loin, Levasseur dit qu'avant le 31 mai le tribunal révolutionnaire ne prononçait que de rares condamnations contre des individus notoirement conspirateurs; pour infirmer ce fait, il aurait fallu rapporter la liste des condamnations prononcées à cette époque par le tribunal révolutionnaire, montrer qu'elles ont été fréquentes, et que les condamnés ne conspiraient pas; on n'en a rien fait, on a même déclaré ne pouvoir le faire.

Je dois relever à cette occasion une nouvelle erreur du ministère public; pour rendre Levasseur plus odieux, il vous a rappelé que c'est lui qui a fait instituer le tribunal révolutionnaire; « Ce tribunal de sang, qui jugeait sans défenseur, » qui n'appliquait qu'une peine, la mort, etc., etc ». Il y a ici méprise complète, Levasseur a bien fait instituer un tribunal révolutionnaire au commencement de 1793, et ce n'est pas sans doute ce qu'il a fait de mieux : mais enfin, ce tribunal, quel qu'il fût, n'était pas l'affreux tribunal qu'on vous a dépeint. Celui-là n'a existé qu'en 1794 : la loi qui l'a fondé est celle du 22 prairial, à laquelle Levasseur et les siens se sont opposés.

Après avoir fait le procès aux pièces historiques, aux faits historiques, l'accusation le fait encore aux jugemens historiques; elle fait un crime à Levasseur de ses opinions sur les hommes et sur les choses de la révolution; mais comment des jugemens historiques peuvent-ils constituer des délits? Qu'importe à la justice, qu'importe à la société que Levasseur regarde Danton comme un bon citoyen, Cambon comme un homme intègre et désintéressé, la cause de la montagne comme une cause sainte? Vous n'adoptez pas ces jugemens; eh bien! réfutez-les; mais ce n'est pas ici qu'il faut les réfuter.

Vous ne voulez pas qu'un montagnard appelle *sainte* la cause qu'il a défendue; oubliez-vous que cette cause était celle de l'indépendance nationale? Blâmez les moyens employés pour la défendre, mais non la cause elle-même; que vous importe d'ailleurs? n'est-ce pas une partie qui parle? lui défendrez-vous de trouver sa cause une bonne cause?

J'arrive à un point que je n'aborde qu'avec douleur; je veux parler de la déplorable catastrophe du 21 janvier. On veut me forcer à parler, quand la charte me commande le silence; à me souvenir, quand elle m'ordonne l'oubli; on me provoque à la désobéissance aux lois, je m'y refuse, c'est avec la loi elle-même, avec la loi seule que je vais répondre.

Messieurs, lorsque l'auguste auteur de la charte a reparu sur le sol de la France, il a senti qu'à la suite d'une longue révolution, où nul peut être ne fut exempt de fautes, c'était surtout des paroles de paix qu'il importait de faire entendre ; que si l'on permettait aux souvenirs amers de se réveiller, la guerre civile allait renaître ; que la tranquillité du pays, la sûreté du trône lui-même allait se trouver compromise ; il a imposé à toutes les opinions la loi d'un mutuel oubli. « Toutes recherches des opinions et votes émis jusqu'à la restauration sont interdites. Le même oubli est commandé aux »tribunaux et aux citoyens. » Ainsi s'exprime l'art. 11 de notre charte constitutionnelle, et pour que l'on ne crût pas que le législateur n'avait cédé qu'à une nécessité pénible en écrivant à regret cette sage disposition, il a pris soin d'y revenir encore dans son préambule. « Le vœu le plus cher à nos » cœurs, a-t-il répété, c'est que tous les Français vivent en » frères, et que jamais aucun souvenir amer ne trouble la » sécurité qui doit, suivre l'acte solennel que nous leur don- » nons aujourd'hui. »

Lui-même a donné l'exemple de cet oubli en choisissant pour son ministre un homme dont le vote, à une époque fatale, n'était pas ignoré de lui ; et si, dans ce moment, il eût pris fantaisie à quelque écrivain de faire l'éloge du ministre (la chose n'est pas tout à fait sans exemple), je doute que le ministère public eût jugé convenable de le mettre en accusation.

Cette loi d'union et d'oubli, portée par le monarque lui-même, ne serait-elle plus qu'un vain simulacre ? Non, messieurs. Rappelez-vous ce qui naguère encore s'est passé dans la chambre des députés : Un employé réclamait un rappel de traitement arriéré. La pétition est rapportée : un député s'élance à la tribune, *le Moniteur* à la main ; il va rappeler un vote funeste échappé jadis au pétitionnaire. Soudain des accens d'improbation couvrent sa voix, et le président de la chambre, fort de la double autorité de son caractère et de la loi fondamentale, s'écrie : « Je vous défends, monsieur, de donner lecture de cet écrit. « La défense est respectée, l'orateur descend de la tribune et la pétition est accueillie.

C'est en présence de cette loi toujours subsistante, qui impose aux tribunaux, comme aux citoyens, l'oubli des opinions et des votes, que l'accusation vient rechercher ceux de Levasseur pour les imputer à crime à l'éditeur de ses mémoires. Suivant elle, le silence est la condition de l'oubli, et Levasseur a lui-même rompu ce silence. Pour toute réponse, je vous lirai le seul passage du *livre* (car, encore une fois, je n'ai point à m'occuper des pièces officielles) où Levasseur ait parlé de ce déplorable événement :

« Peu de temps après , le vote du décret sur les subsistances
» commencèrent les discussions relatives au procès de Louis
» XVI. Il n'entre pas dans mon cadre de m'expliquer sur ce
» point, ni de rendre compte des débats de cette affaire au
» milieu de la convention nationale ; qu'il me suffise de rap-
» peler que les haines s'envenimèrent encore pendant le
» cours de cette *douloureuse* délibération. »

Il serait certes difficile de trouver dans ce passage le moindre mot qui ressemble à une apologie. La seule qualification qui s'y trouve exprime la douleur et le regret. Aussi l'accusation se borne-t-elle ici à reprocher à l'auteur son silence. L'ordonnance de renvoi aurait dû transcrire ce silence parmi les passages incriminés.

Mais cette apologie , qui n'est point dans les paroles de Levasseur , on cherche à la faire sortir, par l'argumentation la plus étrange, du rapprochement de quelques passages ; et voici comme on raisonne. Vous dites en tel endroit que Levasseur a toujours voté avec les plus ardens républicains : or , on sait comment ont voté , dans un procès tristement célèbre , les plus ardens républicains. Ensuite , dans tel autre endroit , vous dites que le crime n'a jamais souillé ce même Levasseur : d'où il suit que vous ne regardez pas le vote en question comme un crime.... En vérité , messieurs, je n'ai pas le courage de répondre à une pareille argumentation. Je quitte cette discussion, dans laquelle je ne suis entré qu'à regret et malgré moi, et je n'ajouterai plus que quelques paroles relatives aux textes légaux invoqués contre nous par l'accusation.

Le premier est l'outrage à la religion de l'état. Je crois m'être suffisamment expliqué sur ce point, vous me dispenserez d'y revenir.

Vient ensuite l'outrage à la morale publique , texte baunal dont on se sert quand on n'en a point d'autre à invoquer , et qui , par le vague de ses termes , par l'abus qu'on en a fait, est devenu pour nous ce qu'est devenue pour les Romains de l'empire l'accusation de lèse-majesté.

Je voudrais, messieurs, qu'on cessât d'invoquer la morale dans des questions toutes politiques. Il est bien évident qu'ici ce n'est pas la morale, c'est la politique qui nous accuse : la morale publique ? on l'outragerait en sappant les bases de la piété filiale, de la probité de la pudeur, de la foi conjugale ; mais dire que « Cambon ne s'est point enrichi dans la révolution, que Danton n'aspirait point à la royauté, que l'un et l'autre étaient de bonne foi dans leur conduite politique, » qu'est-ce que tout cela peut avoir de commun avec la morale?

« Quand un homme a commis un crime, nous dit l'accusation, faire son éloge, c'est faire l'éloge du crime même : vain sophisme. Pour que ce raisonnement eût quelque vérité, il faudrait que cet homme n'eût fait qu'une seule action dans sa vie. Sortons un moment de la politique, prenons nos exemples dans une sphère plus paisible. Quand j'applaudis au génie mâle et sublime de Corneille, entends-je vanter pour cela les vers durs, les expressions vieillies, les longues dissertations, les scènes de froide galanterie? Quand je rends hommage aux grandes conceptions de Shakespeare, cet hommage s'applique-t-il aux fossoyeurs introduits sur la scène, aux farces triviales, aux grossiers quolibets? —Mais vous avez outragé la morale en faisant l'éloge de l'anarchie.—Ce serait là une erreur de politique et non de morale; mais bien loin de là, vous avez vu que l'auteur déplore l'établissement de l'anarchie. Sa défense ne consiste pas à dire que l'anarchie était bonne, mais qu'il n'a pas été possible de l'éviter. Autre reproche : « Vous avez dit que la nécessité avait légitimé les rigueurs de la révolution (du moins si Levasseur les a qualifiées de légitimes, il ne les a point qualifiées de salutaires). » Ce ne serait encore là qu'une question d'histoire et non de morale. Au surplus, de pareils jugemens ont toujours été parfaitement libres ; nous avons même vu bien autre chose dans ce genre. L'accusation vous a déclaré qu'on outrageait la morale publique en faisant l'apologie de la Saint-Barthélemy. On a donc oublié que cette apologie a été faite plus d'une fois, et toujours impunément. Je vais vous dire encore plus : s'il est un forfait exécrable dans l'histoire, ce fut la révocation de l'édit de Nantes, ce fut la persécution qui l'accompagna. Ici les cruautés n'eurent point pour excuse la fureur d'une légitime défense : elles furent gratuites et spontanées. Ici ce ne fut point seulement le glaive qui moissonna les victimes; les roues, les bûchers épouvantèrent long-temps une partie de la France. Eh bien! cette lutte effroyable a pourtant trouvé un apologiste, non dans quelque fanatique obscur, mais dans une des lumières de l'Eglise, dans l'aigle de la chaire française, dans Bossuet. Lisez l'oraison funèbre de Michel Letellier. Voyez comme on y parle d'un des plus grands forfaits de l'histoire moderne. « Dieu, dit l'orateur, lui réservait (à Letellier) l'ac- » complissement du grand ouvrage de la religion ; et il dit, en » scellant la révocation du fameux édit de Nantes, qu'après ce » triomphe de la foi et un si beau monument de la piété du roi, » il ne se souciait plus de finir ses jours. C'est la dernière paro- » le qu'il ait prononcée dans les fonctions de sa charge ; parole » digne de couronner un si glorieux ministère. »

Et ce roi, dont on abusait la vieillesse, voulez-vous voir quel langage l'orateur chrétien lui fait entendre de la chaire de vérité? Ecoutez. « Touchés de tant de merveilles, épanchons nos cœurs »sur la piété de Louis; poussons jusqu'au ciel nos acclama-»tions, et disons à ce nouveau Constantin, à ce nouveau Théo-»dose, à ce nouveau Marcien, à ce nouveau Charlemagne, ce »que les six cent-trente pères dirent autrefois dans le concile » de Chalcédoine : vous avez affermi la foi , *vous avez exterminé* »*les hérétiques...* »

Reste un troisième et dernier chef, l'attaque à la dignité royale et aux droits que le roi tient de sa naissance. Cette accusation est vraiment incroyable; on ne trouve pas dans tout l'ouvrage un seul mot touchant le monarque régnant, touchant l'époque actuelle. L'auteur y parle d'il y a quarante ans, comment la dignité, comment les droits de Charles X pourraient-ils y être attaqués?

On suppose que l'éditeur n'est pas content de l'ordre de choses actuel : il a dit quelque part : « Nous savons attendre, » et ce qu'il attend ne peut être autre chose qu'une révolution. Quel raisonnement! Est-ce que l'on ne répète pas tous les jours, que nous possédons la liberté , mais que nous n'en possédons pas encore les conséquences? Ne réclame-t-on pas généralement des lois sur la responsabilité des ministres, sur l'organisation municipale, sur celle du conseil d'état et sur bien d'autres choses? le gouvernement lui-même n'a-t-il pas reconnu la justice de ces demandes? n'a-t-il pas présenté, il y a quelques années, une loi de responsabilité? plus reécmment une loi municipale? M. de Cormenin n'a-t-il pas, au nom d'une commission, fait un rapport sur la réorganisation du conseil d'état? Voilà les garanties qui nous manquent, et que nous obtiendrons un jour, car nous savons attendre!

Le ministère public se formalise de voir Levasseur établir en principe la prééminence de la république sur la monarchie. Ce ne serait là, dans tous les cas, qu'une thèse de pure spéculation qui n'affecterait en rien à la dignité royale ; oublie-t-on, d'ailleurs, qu'il s'agit dans l'ouvrage de l'époque de 93 , et qu'alors nous vivions en république?

Ailleurs l'auteur se flatte qu'un jour la perfectibilité humaine enfantera la démocratie ; dès qu'il s'agit de la perfectibilité humaine, soyez bien tranquille , vous avez du temps devant vous. Et puis! qu'est-ce que la dignité royale a de commun avec ces utopies ?

On nous a présenté une thèse assez singulière : ce que la loi protége, dit-on, ce n'est pas seulement la royauté actuelle, la royauté constitutionnelle, c'est la royauté en général, c'est toute espèce de royauté, passée, présente et future ; donner à cutendre que le gouvernement républicain peut être préférable au gouvernement monarchique, c'est affaiblir la puissance de ce dogme sacré, c'est attaquer la royauté dans son essence.

Je suis bien loin d'admettre un pareil système; d'abord je ne vois pas qu'il soit indispensable qu'un gouvernement, pour être respecté, soit absolument le plus parfait de tous les gouvernemens possibles. Il suffit qu'il soit bon pour qu'on s'y tienne, et pour qu'on ne soit pas tenté d'aller chercher à travers les orages, les hasards, les périls des révolutions, un mieux incertain, peut-être imaginaire. La monarchie constitutionnelle est bonne, il me suffit, et je n'irai point bouleverser l'état pour essayer si la république ne serait pas encore meilleure.

Ensuite, quand on nous parle de la royauté en général, que veut on nous dire? Toute royauté, par cela seul qu'elle sera royauté, sera-t-elle digne de notre adoration? Mettrons-nous sur la même ligne les deux rois de Sparte, les rois de Rome, le grand roi de Perse, et le petit roi d'Ivetot? Ne veut-on parler que de la royauté telle qu'elle a existé en France? je demanderai encore laquelle : est ce la royauté élective des anciens Francs? est-ce celle des rois fainéans, esclave des maires du palais? est-ce la monarchie des Valois, opprimée par la rivalité des grands vassaux? est-ce la monarchie absolue de Louis XIV? ou plutôt, n'est-ce pas, enfin, n'est-ce pas uniquement la monarchie constitutionnelle de 1791 et de 1814?

Une expression paraît avoir singulièrement scandalisé le ministère public, celle de pygmées de la monarchie; je conçois que ce mot puisse blesser les ministres, ou les administrateurs qui se sont succédé depuis la restauration : c'est à eux de nous dire, s'ils le veulent, quelles grandes actions ils ont faites, quelles coalitions ils ont repoussées, quelles provinces ils ont ajoutées à notre territoire, quelles hautes institutions ils ont fondées; mais je cherche vainement ce que cette expression peut avoir d'offensant pour les droits et pour la dignité du monarque.

On nous reproche enfin d'avoir dit, en parlant de quelques girondins, que les récompenses de la monarchie les avaient flétris. On nous demande si nous regardons les récompenses de la monarchie comme flétrissantes: on ne nous a point compris. C'est par une hypothèse que je vais répondre; et comme il s'agit ici d'une question d'honneur et de loyauté, c'est à l'orateur même du ministère public que j'abandonne le soin de la résoudre.

Je suppose la France en guerre avec une puissance voisine, avec l'Angleterre; des soupçons de trahison se sont élevés contre un général anglais; peu de temps après, ce général reçoit de la France des honneurs, des dignités, des richesses : certes, messieurs, autant et plus qu'un autre j'aime et j'honore mon pays; mais je n'en dirai pas moins qu'en pareille circonstance, cette récompense est une flétrissure pour celui qui l'a reçue; non parce que c'est la France qui la donne, mais parce qu'elle prouve la trahison de celui qui la reçoit.

Ainsi l'homme qui, dévoué à la monarchie, aurait partagé l'exil et les misères de ses princes, ne pourrait que s'énorgueillir de leurs récompenses; mais l'homme qui, mêlé au rang des républicains, aurait en secret trahi leur cause en faveur de la monarchie, celui-là serait flétri par les récompenses qu'il recevrait, quelle que fût la main qui les décernât; car ces récompenses prouveraient qu'il n'a été qu'un traître.

Vous en êtes maintenant convaincus ; l'ouvrage, dans son ensemble, échappe à toute poursuite par son triple caractère de défense personnelle, d'opinion spéculative et de document historique. Dans ses détails, il se compose, ou de pièces officielles, ou de faits incontestés, ou de jugemens historiques, toutes choses également inattaquables ; d'autre part, si nous considérons les textes invoqués par l'accusation, nous ne trouvons pas un mot dans l'ouvrage auquel ils puissent s'appliquer avec quelque ombre de justice. La preuve de l'innocence nous est donc acquise.

Mais s'il me fallait une preuve nouvelle, je la trouverais dans les longs et pénibles efforts du ministère accusateur pour nous trouver des crimes. Le délit n'existe pas, vous dirais-je, car il a fallu le chercher; car il a fallu le chercher long-temps; car il a fallu le construire laborieusement pendant deux audiences, et cette ampleur de travail, cet embarras d'un oteur éloquent et facile, vous montrent assez combien il était difficile de nous trouver coupables.

Pour moi je le dis hautement, j'ai trouvé plaisir et honneur dans cette défense: qu'un écrivain légalement irrépréhensible, mais reprochable sous d'autres rapports, vienne implorer notre ministère ; nous devons le défendre, car le secours de notre ministère est dû à quiconque n'est pas criminel aux yeux de la loi ; mais ce devoir n'est pas toujours agréable à remplir. Ici tout est honorable; l'éditeur; c'est un jeune écrivain de talent et de conscience, dont la conviction seule a conduit la plume, et qui n'a point abjuré ses doctrines en face de la prison. L'ouvrage, c'est un livre grave, purement historique, exempt d'injures et de personnalités; les thèses à défendre, elles touchent aux plus hauts intérêts de l'ordre social.

En vain a-t-on cherché à vous effrayer en vous montrant des dangers imaginaires; votre sagesse vous a dit avant moi que si la société a quelque chose à craindre en ce moment, ce n'est pas de ce côté qu'est le péril ; chaque jour vous entendez parler de coups d'état, de pouvoir constituant supérieur à la charte ; chaque jour on provoque avec audace la destruction du gouvernement constitutionnel ; et le ministère public n'en conçoit point d'alarmes. Nous ne nous en plaignons pas; jamais nous n'appellerons de poursuites sur personne, et l'opinion publique suffit pour faire justice de ces provocations méprisables ; mais vous, magistrats, comparez les faits, voyez les écrits qu'on attaque, ceux que l'on tolère, et souvenez-vous que si l'on peint quelquefois la justice avec un glaive, c'est surtout avec une balance que nous aimons à nous la représenter.

ÉVERAT, Imprimeur, rue du Cadran, n° 16.